Bibliografische Information der Deutschen Nationalbibliothek:

Die Deutsche Bibliothek verzeichnet diese Publikation in der Deutschen National-
bibliografie; detaillierte bibliografische Daten sind im Internet über http://dnb.d-
nb.de/ abrufbar.

Dieses Werk sowie alle darin enthaltenen einzelnen Beiträge und Abbildungen
sind urheberrechtlich geschützt. Jede Verwertung, die nicht ausdrücklich vom
Urheberrechtsschutz zugelassen ist, bedarf der vorherigen Zustimmung des Verla-
ges. Das gilt insbesondere für Vervielfältigungen, Bearbeitungen, Übersetzungen,
Mikroverfilmungen, Auswertungen durch Datenbanken und für die Einspeicherung
und Verarbeitung in elektronische Systeme. Alle Rechte, auch die des auszugsweisen
Nachdrucks, der fotomechanischen Wiedergabe (einschließlich Mikrokopie) sowie
der Auswertung durch Datenbanken oder ähnliche Einrichtungen, vorbehalten.

Impressum:

Copyright © 2012 GRIN Verlag, Open Publishing GmbH
Druck und Bindung: Books on Demand GmbH, Norderstedt Germany
ISBN: 978-3-668-05022-8

Dieses Buch bei GRIN:

http://www.grin.com/de/e-book/306828/mittelhochdeutsch-einfuehrung-in-die-
mittelalterliche-grammatik

Arnaud Duminil

Mittelhochdeutsch. Einführung in die mittelalterliche Grammatik

Mitschrift der Vorlesung und Zusätzliche Anmerkungen

GRIN Verlag

GRIN - Your knowledge has value

Der GRIN Verlag publiziert seit 1998 wissenschaftliche Arbeiten von Studenten, Hochschullehrern und anderen Akademikern als eBook und gedrucktes Buch. Die Verlagswebsite www.grin.com ist die ideale Plattform zur Veröffentlichung von Hausarbeiten, Abschlussarbeiten, wissenschaftlichen Aufsätzen, Dissertationen und Fachbüchern.

Besuchen Sie uns im Internet:

http://www.grin.com/

http://www.facebook.com/grincom

http://www.twitter.com/grin_com

MITTELHOCHDEUTSCH
Einführung in die mittelalterliche Grammatik

Einleitung

Im Gegensatz zu Dialekten ist das Hochdeutsche eine Standardsprache, auf die die heutige Linguistik sich beruft.
In dieser Richtung ist das Mittelhochdeutsche ein Versuch, eine Standardsprache vor der von Luther erfundenen Sprache einzusetzen, wobei sie die Erbschaft des Althochdeutschen überträgt.
Dies selbst sei der Erbe der fortwährenden Entwicklung und der meist unklaren Geschichte des *Westgermanischen, bzw. des *Indogermanischen.

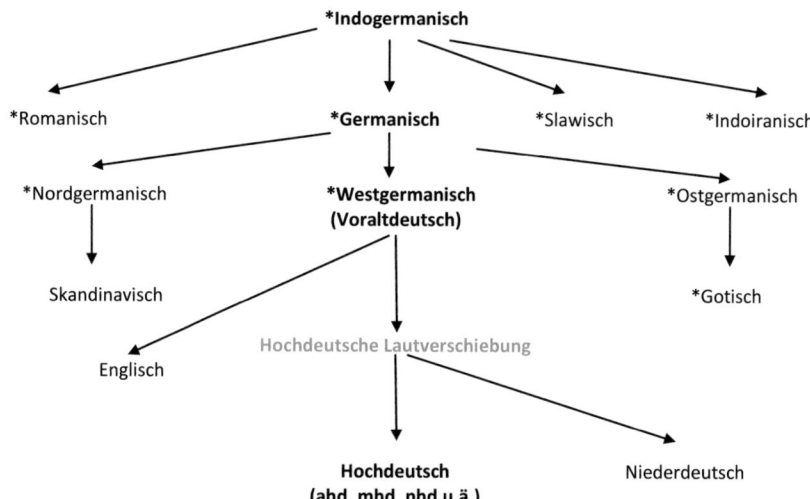

Die Hochdeutsche Lautverschiebung bei den Dentalen

	Frikative	stimmhafter Plosiv (media)	stimmloser Plosiv (tenuis)	Affrikate = stl Pl + stl Frikativ (ts, pf, tl)	Frikativgeminate
VAHD	**[ð]** (Englisch: <th>)	[d]	[t]		
HdLV					
HD		[d]	[t]	[ts]	**[s] bzw. Doppelfrikativ**

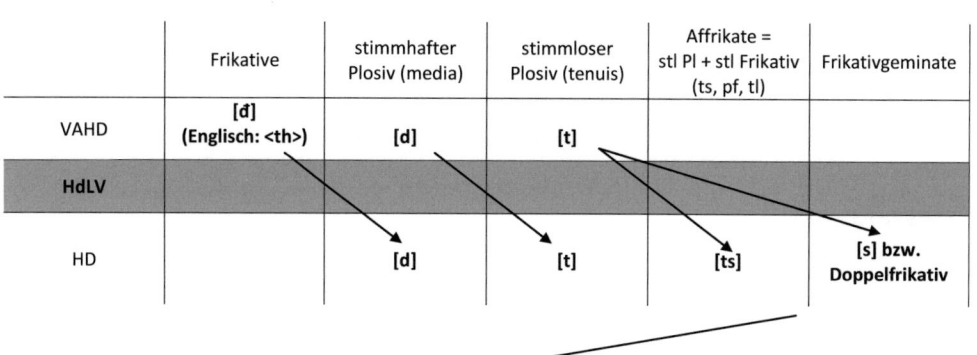

HdLV bei dem germanischen [t]

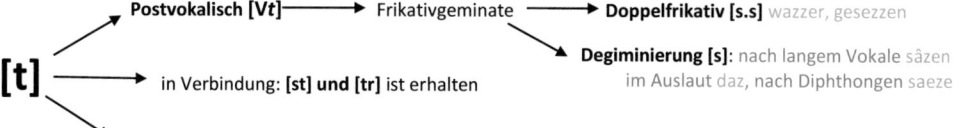

1

Über den ehemaligen -j-

Durch die HdLV verschwindet der -j-, der auf das mhd. Wort beispielerweise so wirkt:
Er lässt **den Hauptsilbevokal** wenn möglich **umlauten** und **verschiebt den Konsonant**, wenn so muss sein. Ehemalige Präsenz des -j- ist also hauptsächlich durch die des Umlautes zu spüren. *(s.u.)*

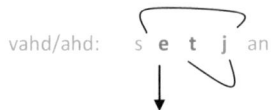

vahd/ahd: s **e t j** an

hdLV: t →Verschiebung des j: tt (Geminate) → tz (Affrikate)
e → Umlauten → wird zum i

mhd: s **i tz** en

Phonologische Schreibung des Mittelhochdeutschen

Jeder Buschstabe wird ausgesprochen, wie er geschrieben ist: **Graphie = Phonologie** <ritter> = [ʁɪt.tɛʁ]
Dazu wird ein langer Vokal anhand eines diakritischen Zeichens (**Zirkumflex**) hingewiesen <â> = [aː]
Hier wird der mhd. „ë" durch einen normalen „e", und der „ʒ" durch „z" ersetzt. wësen: wesen, lâʒen: lâzen
Übrigens: <sK, -s>=[ʃ] <st>=[ʃt], <ës>=[ɛʃ], <z>=[s], <s->=[z], <hK>=[x] brâhte, Ausdehnungs-h=[h], <v>=<f>

Diphthonge im mhd. Vokalismus

mhd. → nhd.

î → ei, ie, i	belîben (belîp) → bleiben (blieb)
uo → u, ü	buochen → Bücher
ou, û (öu) → au (äu)	vrouwe → Frau hûs → Haus
iu [yː] → eu, äu	diuten → deuten hiuser → Häuser
ie → i	lieht → Licht

j-Umlaute

a, â → e, ae e-> i
ei → ie, ê -> ei
o, ô → ö, oe
u, û → ue, iu [yː]
ou [aʊ] → öu [ɔy]
uo → üe

Grammatischer Wechsel

Auslautverhärtung

Am Ende eines Wortes, nach einem langen Vokale oder nach einem Diphthong wird der weiche Laut (**stimmhafter Lenis**) zum harten Laut (**stimmlosem Fortis**) verhärtet:

Rhotazismus:

h → g/c-ch   sehen → du sach
g-k → c [k]   du hünke → ich hanc
v/f → b/p   heven → ich huop/huoben
d → t   werden → ich wart
s → r   wesen → wir wâren, ich waere

Lenisierung

Nach einem „n" (bzw. „l") wird danach folgender **tenuis** (stl Pl) zum **media** (sth Pl) **erweicht**:
hiulen → nicht *hülten sondern hûlden

Degiminierung

Im Auslaut, nach einem Langvokal, nach einem Diphthong, sowie vor einem Konsonant wird der **Geminate** (der Zwillingskonsonant) vereinfacht:
rennen → nicht *rannte sowie *rannde sondern rande

Apokope und Synkope

Bei der Verbindung von **kurzem Vokale und einem Liquid** (l, r) fällt stets der danach folgende Schwalaut:
im Wortinnen spricht man von **Synkope** *varen wird zu varn, der heled → den *heleden = den helden
am Wortende von **Apokope** ich *vare wird zu ich var

Verneinung

Anhand „**ne**" bzw. „**en**" wird verneinet:
ez was // ez enwas [ɛs.ɛnvɑʃ]
iht [ɪxt] (etwas) -- > ne iht -- > niht (nicht), ne+ieman -> niemen (niemand)

Das PRONOMEN: kongruierendes Für-Wort

Personal-Pronomina

	1.Pers	2.Pers	3.Pers Maskulina	Feminina	Neutra	Reflexivpronomina
	ungeschlechtig		Singular	geschlechtig		
NomSg	ich	dû	er	siu[1]	ez	(er/ez/siu)
GenSg	mîn	dîn	sîn	ir	es	sîn
DatSg	mir	dir	im(e)	ir	im(e)	(im/ir)
AkkSg	mich	dich	in	sie[1]	ez	sich
	Plural					
NomPl	wir	ir	si(e)[2]		siu[2]	
GenPl	unser	iuwer	ir			
DatPl	uns	iu	in			
AkkPl	unsich	iuch	si(e)[2]		siu[2]	

[1]: NomSg wurde nach AkkSg heute morphologisch ausgeglichen
[2]: ebenfalls morphologischer Ausgleich

Interrogativ-Pronomina: keine Feminina

	Maskulina	Neutra
NomSg	wer	waz
GenSg	wes	
DatSg	wem(e)	
AkkSg	wen	waz

der Definitartikel, auch Relativpronomen

	Maskulina	Feminina	Neutra
Singular			
NomSg	der	diu	daz
GenSg	des	der	des
DatSg	dem(e)	der	dem(e)
AkkSg	den	die	daz
Plural			
NomPl	die		diu
GenPl	der		
DatPl	den		
AkkPl	die		diu

Demonstrativ-Pronomina

	Maskulina	Feminina	Neutra
Singular			
NomSg	dirre	disiu	ditze
GenSg	dises	dirre	dises
DatSg	disem(e)	dirre	disem(e)
AkkSg	disen	dise	ditze
Plural			
NomPl	dise		disiu
GenPl	dirre		
DatPl	disen		
AkkPl	dise		disiu

3

Das SUBSTANTIV

Hauptklasse des Maskulinums

- **starke *a*-Deklination: im Plural nicht umgelautet** ahd: gota -> der got-Ø, der last
  Unterklassen: ahd ***ja*-Stämme: Umlaut überall** der kaese, der hirte (e->i), der künic (ahd. kuninga)
    ➔ *Nomen agentis*: singen➔ der sängaere ➔ der sänger
                        ritten ➔ der rittaere ➔ der ritter
  *nicht zu verwechseln mit **er*-Stämmen:* der vater, die veter/vater
              ahd ***wa*-Stämme:** der sê, des sêwes

- **starke *i*-Deklination: Plural mit Umlaut** ahd (j-Maskulina): troumi -> der troum-Ø
- **starke nicht entscheidbare/ unklare Deklination:** mit nicht umlautfähigen Vokalen *der lîp: der Leib/Leben*
- **schwache *n*-Deklination:** mit **en-Endung,** doch bei NomSg e-Endung der bot-e, *auch apokopiert:* der ar-Ø
  *nicht zu verwechseln mit den **umgelauteten** ja-Stämmen, hier ist **nicht umgelautet:*** der bluome

Hauptklasse des Neutrums

- **starke *a*-Deklination:** *daz liut* (das Volk), daz lant
                  aber ***Länder-, Völker- sowie Personennamen sind meist schwach dekliniert***
  Unterklassen: ***er*-Stämme** mit Apokope und falls AV, sowie Umlauten des Vokales (ahd: -ir)
        blat/bleter, kalp/kelber, lamp/lember, rint/rinder, ei/eiger, rîs/rîser, huon/hüener
        ***wa*-Stämme:** daz knie, den kniewen

- **schwache *n*-Deklination:** Substantiven mit en-Endung, außer bei ***NomSg und AkkSg*** e-Endung daz herz-e
  *nicht zu verwechseln mit **ja*-Stämmen:** umgelautet mit (*heute entfallende*) e-Endung: daz kriuz-e, daz bild-e

Hauptklasse des Femininums

- **starke *i*-Deklination: Stammauslaut auf t** und **Nullendung** + Umlauten wo möglich diu rîterschaft-Ø
  bei Singular Gen. und Dat. sind stetig ältere (UL + e-Endung) Formen zu finden:
  diu kunst, der kunst/der künste, der kunst/der künste, die kunst // Plural: künste, DatPl: den künsten
        Unterklassen: **Restklasse/ *u*-Deklination: diu hant-Ø ➔** den hand-en (nhd: vorhanden)
        Wurzelnomen: *ohne Umlaut bei normalerweise umgelauteten Formen*
        ze den wîhen **nahten,** *diu jugent* und ***diu tugent:** der jugent/der jugente*
        ***er*-Stämme:** diu muoter, die müeter/muoter

- **starke *ô*-Deklination:** mit e-Endung bei NomSg ***diu schuld-e,*** auch apokopiert: diu vinster-Ø, diu nâdel-Ø
  Unterklassen: ***jo*-Stämme:** *diu süeze/die süeze (fem) aber **daz vuoz/diu vüeze (neut)***
        ➔ auch von Maskulina abgeleitet: künigîn, Pl. küneginne aus künic, künige
                        diu minne aus **man, manne** (a-*Wurzelnomen*)
        ***wo*-Stämme:** diu diu, die diuwe (das Magd), auch diu triuwe *aber nicht vrouwe*

- **schwache *n*-Deklination:** mit en-Endung überall, außer bei NomSg e-Endung diu vrouw-e

Bestimmung von den Substantiven
1/ Kasus, Numerus
2/ Genus (Maskulinum, Femininum, Neutrum) + Deklinationsklasse
3/Paradigma
der ritter
1/der + Null-Endung = Nominativ Singular
2/Mask., -er = nomen agentis -> ja-Stämme, Unterklasse der starken a-Deklination
3/der ritter, des ritters, dem ritter, den ritter, die ritter, der ritter, den rittern, die ritter
  oder Sg.: der ritter-Ø, -s, -Ø, -Ø, Plural: -Ø, -Ø, -n, -Ø ; gegebenenfalls synkopiert oder apokopiert

Beispiele von Flexion-Deklination für die Substantive

MASKULINUM

starke a-Deklination	starke i-Deklination	schwache n-Deklination
Singular		
der tac -**ø** (Auslautverhärtung)	der gast -**ø**	der bot-**e**
des tag-**es**	des gast-**es**	des bot-**en**
dem tag-**e**	dem gast-**e**	dem bot-**en**
den tac - **ø** (Auslautverhärtung)	den gast- **ø**	den bot-**en**
Plural		
die tag-**e**	die g**e**st-**e**	die bot-**en**
der tag-**e**	der g**e**st-**e**	der bot-**en**
den tag-**en**	den g**e**st-**en**	den bot-**en**
die tag-**e**	die g**e**st-**e**	die bot-**en**
	unklare Deklination wie a- und i- Dekl.	

NEUTRUM

starke a-Deklination	er-Stämme	schwache n-Deklination
Singular		
daz wort-**ø**	daz blat-**ø**	daz herz-**e**
des wort-**es**	des blat-**es**	des herz-**en** (ohne S)
dem wort-**e**	dem blat-**e**	dem herz-**en**
daz wort-**ø**	daz blat-**ø**	daz herz-**e**
Plural		
diu wort-**ø**	diu bl**e**t-**er**	diu herz-**en**
der wort-**e**	der bl**e**t-**er**- **ø** (Apokope)	der herz-**en**
den wort-**en**	den bl**e**t-**er-n** (Synkope)	den herz-**en**
diu wort-**ø**	diu bl**e**t-**er**	diu herz-**en**

FEMININUM

starke i-Deklination	starke ô-Deklination	schwache n-Deklination
Singular		
diu kunst-**ø**	diu gâb-**e**	diu vrouw-**e**
der kunst/*der künst-e*	der gâb-**e**	der vrouw-**en**
der kunst/ *der künst-e*	der gâb-**e**	der vrouw-**en**
die kunst-**ø**	die gâb-**e**	die vrouw-**en**
Plural		
die künst-**e**	die gâb-**e**	die vrouw-**en**
der künst-e	der gâb-**en**	der vrouw-**en**
den künst-**en**	den gâb-**en**	den vrouw-**en**
die künst-**e**	die gâb-**e**	die vrouw-**en**

diu werdekeit: der werdekeit/werdekeit**e**
diu werlt: die werlde (**Lenisierung**), diu art: die arde

diu burc (AV), die bürge   -**ø** : Nullendung

Das ADJEKTIV

Im Mittelhochdeutschen sind die Adjektive entweder **attributiv** und **flektiert** als *Attribut eines Substantives* oder **prädikativ** und **unflektiert** als *Teil eines Prädikates* verwandt.
Historisch folgen sie drei Klassen:
die *a/ô*-Stammklasse: GF mit Nullendung und kein Umlaut, selbst wenn möglich grôz-ø (ahd: grôzo)
die *ja/jô*-Stammklasse: GF + -e (ahd –i), daher UL wenn möglich schoen-e (ahd: skôn-i)
die *wa/wô*-Stammklasse: selten mit Erscheinung eines „w" bei der Flexion blâ-ø, blâw-es
Wenn die Hauptsilbe nicht umlautfähig ist, ist entweder die Grundform zu analysieren oder bleibt nicht entscheidbar (d.h. bei e, i, ê, î, ei, ie, wie breit-Ø)

Wie im Neuhochdeutschen ist das Adjektiv für *die Steigerung* benutzt:
  Positiv = Grundform   grôz-
  Komparativ = GF + UL + -er   groezer-   *Regional wird auch nicht umgelautet*
  Superlativ = GF + UL + -est   groezest-   *(vor allem im bairischen MHD)*
guot, bezzer, beste // übel, wirser, wirsest // lützel *(klein)*, minner, minnest // michel *(viel)*, mêre, meiste
Meist so verwandt: **tiefer**: ziemlich tief, **t. danne**: tiefer als, **t. baz**: noch tiefer, **desto baz**: umso besser

Das attributive Adjektiv ist seinem Substantiv **kongruierend**: er assimiliert dessen Kasus, Numerus und Genus. Ursprünglich folgt es der Flexion der Substantive: starke a-Dekl. bei Maskulinum und Neutrum, starke ô-Dekl. bei Femininum. Allerdings flektiert sich das Attribut praktisch wie **ein Pronomen**, und steht doch manchmal stattdessen. Jedoch existiert in Mhd. die *Verteilungsregel* nicht, also ist die Flexion des Attributes von dessen Gebrauch unabhängig (nicht wie heute), und übrigens kann **beliebig** das Attribut eine **pronominal-starke Flexion** übernehmen, sowie **eine schwache Flexion**. Es ist nicht klar festgestellt, aber es schien, dass die starke Flexion gebraucht wurde, wenn es allgemeine Bezeichnungen betraf, und die schwache Flexion bei individuelleren Fällen.

Pronominal-starke Flexion

	Maskulina	Feminina	Neutra
	Singular		
NomSg	**-er**	-iu	-ez
GenSg	-es	**-er**	-es
DatSg	**-em**	**-er**	**-em**
AkkSg	**-en**	-e	-ez
	Plural		
NomPl	**-e**		-iu
GenPl	-er		
DatPl	-en		
AkkPl	**-e**		-iu

Schwache Flexion

	Maskulina	Feminina	Neutra
	Singular		
NomSg	-e	-e	-e
GenSg	-en	-en	-en
DatSg	-en	-en	-en
AkkSg	-en	-en	-e
	Plural		
NomPl			
GenPl		**-en**	
DatPl			
AkkPl			

Die Adjektive können auch als **Adverbien** verwandt werden. In diesem Fall übernimmt die Grundform eine **e-Endung**, die Hauptsilbe **keinen Umlaut** und bei der ja/jô-Stammklasse ist **rückumlautet** (siehe unten).
schoen-e -> RUL schôn-e ; grôz-Ø -> grôz-e
Die Adverbien auf **–lîch** haben einen besonders adverbiellen Kasus und sind als Akk.Sg. erstarrt, d.h. sie übernimmt immer eine **en-Endung** (herlîch-en). Sogar ist **–lîchen** auch bloß als Suffix an Adverbien gehängt (groez-lîchen). **Bei der Steigerung ist das Adjektivadverbien nicht umgelautet:** grüenest-> GF: grüen

Das Adjektiv kann auch durch eine syntaktische Konversion substantiviert werden und auf das Substantiv anspielen. In diesem Fall flektiert sich es noch wie ein Adjektiv (diu groez-e).

Bestimmung von einem Adjektiv
wie gebraucht? prädikativ oder attributiv und indes wem und wie kongruierend
wie flektiert? Grundform oder pronominal-starke oder schwache Flexion
welche Klasse? ohne UL= a/ô ; mit UL= ja-jô ; mit e-Endung oder nicht ; ansonsten nicht entscheidbar
Paradigma: Grundform und flektierte Formen

von *grôzer* arebeit
1/ attributives Adjektiv; arebeit kongruierend: Fem., Gen.Sg.
2/er-Endung: pronominal-starke Flexion
3/umlautfähige Hauptsilbe aber nicht umgelautet: a/ô-Stammklasse
4/GF: grôz-Ø
   Femininum-Paradigma: Sg.: grôz-iu, -er, -er, -e, Plur.: -e, -er, -en, -e

si kunden *hôher* êren pflegen
1/attributives Adjektiv; êren kongr.: pflegen+Gen.: Fem., Gen.Pl. (diu êre: schwache Femininum)
2/er-Endung: pronominal-starke Flexion
3/umlautfähige Hauptsilbe aber nicht umgelautet: a/ô-Stammklasse
4/GF: hôh-Ø (manchmal auch hôch-Ø geschrieben)
   Fem.-Paradigma: hôh-iu, -er, -er, -e, Plur.: -e, -er, -en, -e

aller *grüenest* waenet sîn
1/prädikatives Adjektiv
2/Grundform, nicht zu flektieren
3/umgelautete Hauptsilbe (aus uo, ahd: gruon-i): ja/jô-Stammklasse
4/est-Endung: Superlativ von der Grundform grüen-e

sît lebte diu vil *guote*
1/ substantiviertes, attributives Adjektiv; einem Fem., Nom.Sg. kongruierend
2/e-Endung: schwache Flexion (keine Verteilungsregel im mhd.)
3/ umlautfähige Hauptsilbe aber nicht umgelautet: a/ô-Stammklasse
4/GF: guot-Ø
   Fem.-Paradigma: NomSg guot-e, ansonsten: -en

andere häufige Wörter

âne: ohne **ode**: oder **unde**: und **unz**: bis **hin**: bei
staete: ständig
gnuoc: genug = adv. viel (adj. michel) *aber* **vîl** + Gen. ; **von** + Gen. ; **in** + Dat.
milte: milde = großzügig
swaz: was auch immer (bzw. : swer, swes: wessen, swem, swen, swie, swelch)
swâ: wo auch immer (überall); **swan**: wann auch immer

Das VERB

Im Mittehochdeutschen dekliniert sich das Verb nach 3 Personen und 2 Numeri, nach 2 Modi: Indikativ und Konjunktiv, und 2 Tempora: Präsenz und Präteritum, und dazu 2 Imperativ-Formen und 3 Infinitiv-Formen.

Alle starken Verben folgen immerhin der folgenden *Personnalendung-Tabelle*: (StF= Stammform)

	Indikativ Präsenz		Konjunktiv Präsenz		Indikativ Präteritum		Konjunktiv Präteritum	
1.Sg		e		e	StF3	ø		e
2.Sg	StF2	est		est	StF4a	e		est
3.Sg		et	StF1	e	StF3	ø	StF4a	e
1.Pl		en		en		en		en
2.Pl	StF1	et		et	StF4	et		et
3.Pl		ent		en		en		en

Imp Sg	StF2	ø
Imp Pl	StF1	et

Partizip Präsenz	StF1	ende		Partizip Präteritum	StF5	ge + en
Infinitiv	StF1	en		ge- entfällt stets bei ge-, miß-, zer-, be-, er-, emp- ent- ver-		

Beispiel von Konjugation mit wërfen

	Indikativ Präsenz	Konjunktiv Präsenz	Indikativ Präteritum	Konjunktiv Präteritum
1.Sg	ich wirfe	ich werfe	ich warf	ich würfe
2.Sg	du wirfest	du werfest	du würfe	du würfest
3.Sg	er wirfet	er werfe	er warf	er würfe
1.Pl	wir werfen	wir werfen	wir wurfen	wir würfen
2.Pl	ir werfet	ir werfet	ir wurfet	ihr würfet
3.Pl	sie werfent	sie werfen	sie wurfen	sie würfen

Imp Sg	wirf
Imp Pl	werfet

Partizip Präsenz	werfende		Partizip Präteritum	geworfen
Infinitiv	werfen			

Grammatischer Wechsel der **Wurzel**
StF1 = werf-
StF2= wirf-
StF3= warf-
StF4= wurf
StF4a = würf
StF5 = -worf-

Um die Stammformen zu finden, sind Regeln in der folgenden Tabelle „Ablautreihen" gesammelt.

Ablautreihen		StF1	StF2	StF3	StF4	StF4a	StF5	Folgenkonsonant
I	A	î	î	ei	i	i	i	-
	B			ê				h, w
II	A	ie	iu	ou	u	ü	o	-
	B			ô				h, t, d, s, sch
III 2K	A	i	i	a	u	ü	u	m, n +K
	B	e					o	l, r +K
IV		e	i	a	â	ae	o	Sonorant: MiNeRaL + Sondergruppe von sprechen: ch, sch
V		e	i	a	â	ae	e	Obstruent
VI		a/e	a/e	uo	uo	üe	a	-
VII		sonstige	ie	ie	ie	sonst.		-

I : êhwei (éveil) IV-V : eau minérale est obstruante
II : oui gôttsched VI : bairisch
III : miau au lëo VII : ie

bei der V. : sehen, sihe, **sach!** (AV), sâhen (saehe), gesehen
  geschehen, geschihe, **geschach** (AV), geschâhen (geschaehe), geschehen
  wesen, wise, was, wâren (waere), gewesen (Rhotazismus)
  jehen, **giht**, jach (AV), jâhen (jaehe), gejehen

j-Präsentien der V. : **biten, sitzen, ligen**
j-Präsentien der VI. : **heven, schepfen, swern** (bzw. verswern *mit Synkope*)

VI. stehen: stuont *s.u. gân/stân*

Umlauten bei der VI. und der VII. (StF1, 2.Sg und 3.Sg) *siehe unten:* Wurzelverben
halten/heltest ; vallen / vellest, vellet kontrahierte Verbe: *hân und lân*
ruofen/rüefest das Verb wellen
loufen/ löufest die Präterito-Präsentien
stôzen / stoezest

Perfektive Verben
Kein ge- bei StF5
vinden (IIIa), vinde, vant (AV), **vunden** (vünde), vunden
werden (IIIb), wirde (wirdest -> wirst), wart (AV), **wurden** (würde), worden
komen/quemen (IV), kume, kam, kâmen (kaeme), komen
treffen (IV), triffe, traf (Deg.), trâfen (traefe), troffen
lâzen (VII), lâze (lezest, lezet), liez, liezen (lieze), lâzen → kontrahiertes Verb: *lân*

perfektive Mischverben: Mischung von perfektiv-starken und schwachen Formen (s.u.)
beginnen (IIIa), beginne, began (Deg.) /begunde (Len.) , begunden, begunnen/begunst
bringen (IIIa), branc (AV) /brâht (PBE), brungen/brâhten, brâht (s: Verstärkungspartikel)

9

Lautgesetzliche Ausnahmen

AV d->t: mîden, mîde, meit, miten (mite), gemiten (Ia)

Rhot. s->r: kiesen, kiuse, kôs, kurn (kür), erkorn (IIb, wählen: Kurfürst) (mit Synkope, sowie Apokope)
verliesen, verliuse, verlôs, verlurn (verlür), verlorn (IIb, verlieren: das Verlies) (idem)

AV h->g/ch: ziehen, ziuhe (Imp: ziuch), zôch (AV), zugen,(zügen), gezogen (IIb)

    g/c: slahen, slahe (slehest, slehet), sluoc (AV),, sluogen (slüege), geslagen (VI, schlagen)

Verdopplung z-> zz : diezen, diuze, dôz, duzzen (düzze), gedozzen (IIb, rauschen)

Bestimmung von einem starken Verb

1/ Tempus, Modus, Person, Numerus
2/ Begründung dessen Unregelmäßigkeit (stark)
   Stammform: Vokal? Folgenkonsonant? Sonderfall
    Ablautreihe
3/Paradigma

Begründung von der Unregelmäßigkeit starken Verbes

StF1 und 2 : Vergleich mit nhd
StF3, 4, 4a : kein Dentalsuffix (-te wie bei den regelmäßigen Verben)
StF5 : en-Endung statt Dentalsuffix, und ge-Präfix nach dem Fall

Bestimmungsbeispiele

er las
1/ er -> 3. Sg, Null-Endung = Ind Prät
2/ kein Dentalsuffix = starkes Verb
  StF3, Vokal = a ; FK = s = Obstruent → AR V
3/lesen, lise, las, lâsen (laese), gelesen

gewinnen (IIIa): StF3: **gewan (Deg)**

gezemen (IV): **gezam**

rechen: rach (ARV)

du vünde
1/ du -> 2.Sg, Umlaut und e-Endung = Ind Prät
2/kein Dentalsuffix=starkes Verb
  StF4a, Vokal = ü, FK = nd = Nasal + Konsonant → perfektives Verb der AR IIIA
3/ vinden, vinde, vant (Auslautverhärtung am Ende des Wortes), vunden (vünde), vunden

vallen
1/ Infinitiv
2/ starkes Verb bei Vergleich mit nhd
  StF1, vokale : a FK: ll, Gruppe der AR VII
3/vallen, valle (vellest, vellet), viel (Apokope nach langem Vokale), vielen (viele), gevallen

was versworn
1/ Part Prät
2/ en-Endung, kein Dentalsuffix = starkes Verb
  StF5, Vokale: o, FK= r, Sondergruppe der j-Präsentien der AR VI
3/verswern, verswer, verswuor, verswuoren (verswüere), versworn
(Synkope, bzw. Apokope bei StF1, 2, 5)

er sprach
1/er->3.Sg, Null-Endung = Ind Prät
2/ kein Dentalsuffix = starkes Verb
  StF3, Vokale : a, FK : ch -> Sondergruppe der AR IV
3/sprechen, spreche, sprach, sprächen (spraeche) gesprochen

Die schwachen Verben folgen auch der oben Konjugation-Tabelle, haben aber diese Kennzeichen:

- Dentalsuffix bei Präteritum **–ete** oder **–te** oder **–t** bei Part Prät, *auch mit Synkope-Apokope:* nern
- keine Sonderheit bei StF2 (Präsenz) und keinen Umlaut sowie Ablaut bei Konjunktiv Präteritum
- können auch sekundäre Verben sein
    starkes Verb: varen, vare, vuor, vuoren, (*vüere*), gevaren
    schwaches Verb: *vüeren*

Klasse der schwachen Verben

***jan*-Verben**: Umlaut bei Präsenz ü, ö, ä/e, iu, oe, ae, öu, üe
                 Dentalsuffix **–te** bei Präteritum (ohne **Bindevokal** BV)
                 ahd: -ita heil-ita -> heil-te

***ên/ôn*-Verben**: kein Umlaut bei Präsenz o, u, a, â, ô, û, ou, uo
                 Dentalsuffix **–ete** bei Präteritum (mit Bindevokal)
                 ahd: -ôta,- êta salbôta -> salb-ete

Wenn bei Präsenz das Verb nicht umlautfähig ist, ist entweder nicht entscheidbar (**synchrones Verb**: heilen)
oder dessen Präteritumform ist zu sehen, sowie der Bindevokal.

der Rückumlaut (RUL)

Bei umlautfähigen Verben ohne Bindevokal (d.h. umlautfähigen jan-Verben) **kann** der Umlaut bei
Präteritum verschwinden.

Beispiele von rückumlautenden Verben

küssen: kuste (Deg.)
nennen (e=Umlaut von a): nande (Deg., Lenisierung nt-> nd, lt -> ld)
senden: sande
wenden: wande

Dazu hat das schwache rückumlautende, sowie das synchrone Verb zwei Formen bei Partizip Präteritum:
ge + Umlaut + et (flektiert)   gefüeget
ge + ohne Umlaut + t (unflektiert)   gefuogt   *geseit: kontrahierte Form von gesaget*

der Primärberührungseffekt (PBE)

Bei Präteritum erscheinen konsonantische Besonderheiten $k/c/ck + t \rightarrow ht$ dünken -> dûhte
wegen dem <t>. Beispielerweise gibt das Verb denken $g + t \rightarrow ht$ sagen-> sahte
nicht *dânkte (RUL) sondern dâht also erscheint ein $b/p + t \rightarrow ft$ geben-> gift
Nasalschwund mit Ersatzdehnung. Dies Phänomen wird $s/t + t \rightarrow ss$ wissen[PP]->wisse
PBE genannt und wirkt auf etliche Verben so:
l. scribere -> mhd. schrîben (AR la)

Bestimmungsbeispiel

er hûlte
1/ er -> 3.Sg, Dentalsuffix –te = Ind Prät
2/ Dentalsuffix –te : schwaches Verb
     kein BV, û = umlautfähig: iu aber mit RUL $\rightarrow$ jan-Verb
3/ hiulen, hûlte, (flektiert) gehiulet / (unflektiert) gehûlt

Präterito-Präsentien

Das lateinisch „novi" bedeutet: kennengelernt haben, d.h. mir ist etwas neu, bedeutet ich habe es schon kennengelernt (der **Resultat** des Prädikates ist schon da). Diese **Verschiebung** der Vergangenheit in der Präsenz beweist eine **resultative Benutzung der Vergangenheit**, die im Mhd. bei manchen Verben wiederzufinden ist.

Die *Präsenz*form entspricht also einer vergangenen Bedeutung, die nicht unbedingt der heutigen Bedeutung gleich ist. ich darf: bei mir ist ein Mangel entstanden
und **einer starken *Präteritum*form**, die der Ablautreihe-Tabelle folgt, während in *Präteritum* eine *schwache* **Form** zu finden ist, wennschon eine Vielfalt von Parallelformen existiert.

Solche PP-Verben sind daher so gebildet:

Ind. Präz: stark, der Ablautreihe entsprechend **wie** warf, wurfen: darf, durfen oder dürfen (jan-Verben) besondere Endung **für 2.Ind.Präz**: du **darft** und nicht du dürfe
Konj.Präz: nach der Ind.Präz.-Pluralform gebildet ich durfe, wir dürfen

Ind.Prät: schwach ohne Bindevokal und mit Brechung zur Präsenzform (meist Verdumpfung)
          *durfte -> dorfte
Konj.Prät: umgelautete Ind.Prät-Form dörfte

Während der **Part.Präs** erhalten ist, ist statt des **Part.Prät** ersatzweise der Infinitiv gebraucht.

ARI (î, î, ei/ê, i, i, i)

wizzen (aus l. vidi: ich wußte): „wissen, erkennen"
ich weiz (Deg.), du weist (Deg., AV vor K), wir wizzen, ich wisse, *bzw. ich wesse* (RUL, PBE), ich wisse (k. UL)

ARII (ie, iu,ou/ô,u, ü, o)

tugen: „taugen, nutzen" touc (AV), tugen (tügen), tohte (PBE), töhte

ARIII (i/e, i, a, u, ü, u/o)

gunnen: „gönnen, gern sehen an" gan (Deg.), ganst, gunnen (günnen), gunde (Len.), günde
kunnen: „können, kennen" kan (Deg.), kanst, kunnen (künnen), kunde, künde
durfen: „nötig haben" darf, **darft**, durfen (dürfen), dorfte, dörfte (Verdumpfung)
turren: „wagen" tar (Deg.), tarst, turren (türren), torste, törste (Vdfg.)

ARIV (e, i, a, â, ae, o)

soln (Synkope): „sollen, Zukunft" sal/sol, **solt**, suln/soln, solde (Len.), sölde

ARV (e, i, a, â, ae, e)

mugen: „können, vermögen" mac (AV), **maht** (PBE), mugen (mügen), mahte/mohte, mähte/möhte

ARVI (a/e, a/e, uo, uo üe, a)

müezen: „müssen, Zukunft" muoz, muost (Deg., AV), müezen, muose (PBE), müese (PBE)

Bestimmungsbeispiel
er muoste
1/ er -> 3.Sg, Dentalsuffix –te = Ind Prät
2/ Dentalsuffix –te: schwache Form, jedoch besondere Verben der AR VI („uo"): Präterito-Präsentien
3/ muoz, muost, müezen, muoste (bzw. muose mit PBE), müeste (id.)

Wurzelverben

Die Präsenzformen der sog. Wurzelverben sind **athematisch** gebildet: das normalerweise anwesende Thema des Verbes, das Stammbildungselement zwischen dem Stamm des Verbes und der Personalendung entfällt, sodaß statt des thematischen Schwalautes nur die Wurzel des Verbes steht.

Stamm-Thema-**Personalendung**: nem-e-**n**, doch ehemalige ***idg -mi-Verben**: *dô-Ø-**mi** -> mhd. tuo-Ø-**n**

sîn: „sein" *verbum substantivum*
athematische Präsenzbildung + **doppelte Wurzel** aus *gem. **bhui* -> idg: **bhes-mi* wie lateinisch *fui*
Ind: **ich sîn / bin, dû sîst/ bist, ër ist, wir sîn oder sînt/birn, ir sîrt/birt, sie sînt**
Konj.: **ich sî-Ø** ; Partizip Präsens: **sînde** (Len.)
suppletive Präteritumformen nach dem starken **wësen** (ARV): **was, wâren** (Rhot.) **(waere), gewesen**

tuon: „tun"
athematische Präsenzbildung: Ind.: **ich tuon, dû tuost** ; Konj.: **ich tuo-Ø** ; PP: **tuonde** (Len.)
Prät. durch *idg. **Rückverdopplung** (Reduplikation) des Hauptsilbevokales: **tëte, tâten (taete), getân**

stên: „stehen" *mit regionalen Formen: alemannisch* stân, *bairisch* stên
athematische Präsenzbildung: Ind: **ich stên, dû stêst** ; Konj.: **ich stê-Ø** ; PP: **stênde** (Len.)
suppletive Präteritumformen nach dem **ahd. standan,** starkem Verb **stehen (ARVI) mit GW**
stuont (AV), **stuonde** (Len.) **(stüende), gestanden**

gên: „gehen" *mit regionalen Formen: alem.* gân, *bair.* gên
athematische Präsenzbildung: **ich gên, dû gêst** ; Konj.: **ich gê-Ø** ; PP: **gênde** (Len.)
suppletive Präteritumformen nach dem **ahd. gangan,** starkem Verb **gangen (ARVII)**
gienc (AV), **giengen (giengen), gegangen**

Der Regel über die Quantität des Vokales entsprechend steht im Nhd. ein Dehnungs-„h" statt des mhd. „^".
Ohne diesen „h"-Laut könnte bei etlichen Formen der Vokal nicht lang ausgesprochen werden.
Würde der mhd. gên zu *gen, wäre es problematisch wegen zwei konsonantischen Personalendungen:
*gen = [gɛːn] aber du *gest = [gɛst]. Damit der Vokal lang bleibt, ist ein „h"-Laut eingebaut: gehst = [gɛːst].

wellen/weln „wollen"
ist ein besonderes Verb mit Modusverschiebung bei den 1.,2., 3. Ind.Präs (optative Formen).
ich wil (Apokope, Deg.), **dû wilt, ër wil**
sämtliche andere Formen sind nach dem **ahd. walljan** gebildet
Präs.Ind: **wir weln** (Synkope) ; Konj: **well-e** ; PP: **wellende** (Len.)
Prät.Ind: **wolde** (Verdumpfung und Len.) ; Konj: **wölde** ; ohne PP

Kontrahierung

Bei häufigen Verben steht neben den Vollformen eine athematische kontrahierte Bildung des Verbes:

hân ist die kontrahierte Form des **schwachen** Verbes **haben**
Vollform in Konj.Präs., ansonsten kontrahiert zu hân
Präs.Ind.: **ich hân, dû hâst** ; Konj.: **ich hab-e** ; ohne PP
Prät.: **hete/hâte (haete), gehât**

lân ist die kontrahierte Form des **starken** Verbes **lâzen** (ARVII)
Vollform bei Prät., ansonsten kontrahiert zu lân
Präs.Ind.: **ich lân, dû lâst** ; Konj.: **ich lâ-Ø** ; ohne PP
Prät: **liez, liezen (liezen), gelâzen** *auch kontrahiert zu* ich/ër *lie, gelân*